L'Editeur tient à remercier M^me Christine Ockrent et Antenne 2
pour leur aimable autorisation d'utiliser le titre *Carnets de route*.

# LE PÉROU
## ET LES PAYS ANDINS

LES CARNETS DE ROUTE DE TINTIN

une collection conçue et animée par Martine Noblet

***Les films du sable*** *remercient de leur participation à cet ouvrage*
*les photographes de* ***Connaissance du monde*** *suivants :*

*Jacques Cornet, Michel Drachoussoff, Gérard Civet,*
*Luc Giard, Alain Mahuzier.*

Les auteurs remercient de leur collaboration C. Erard et D. De Bruycker

# LE PÉROU
## ET LES PAYS ANDINS

Texte : Chantal Deltenre et Martine Noblet

casterman

ISBN 2-203-05209-0

Lorsque dans les années 50, après le tumulte de la guerre, j'ai décidé de vivre la grande Aventure autour du monde, j'étais avant la lettre une sorte de Tintin idéaliste, pétri d'idées généreuses, désireux de découvrir les beautés de notre univers.
A bord de ma petite 2 CV qui, avec une lenteur tranquille, franchissait sans faillir les déserts et les cordillères de l'Amérique, j'ai vécu en aventurier désireux d'oublier les malheurs et les angoisses qui avaient perturbé mon enfance.
Ma joie de connaître fut totale dans les grandes villes du nord comme dans les jungles d'Amérique centrale, mais le grand choc me fut donné à Cuzco et Machu Picchu où j'étais certain de découvrir, dans les palais aux jardins plantés de fleurs d'or, le trésor des Incas comme l'avait imaginé Hergé.
Grâce aux lectures de mon enfance, au petit bonhomme à la mèche rebelle et à son chien Milou, j'ai réalisé le plus beau rêve que puisse imaginer un amoureux de la terre et si curieux d'en connaître ses habitants que j'en ai fait le tour.

JACQUES CORNET

Lorsque j'ai parcouru la Cordillère des Andes, mon compagnon de voyage ne cessait de me dire : "Mais c'est extraordinaire, on est dans Tintin ! Regarde, c'est exactement la même chose. Quand je vais rentrer à Paris, je ferai relier ma collection de Tintin en maroquin sur tranches dorées, c'est le meilleur souvenir de voyage que je puisse trouver." Je crois que l'album du *Temple du Soleil* est l'un des mieux réussis pour l'authenticité du repérage des lieux où se déroule l'action. Une région du monde qui a su le mieux préserver son cadre et ses traditions face à l'uniformisation planétaire.
La Cordillère des Andes est une forteresse dressée contre les influences et les invasions de l'extérieur, défendue à l'est par ce terrible enfer vert qu'est l'Amazonie et à l'ouest par les remparts abrupts de la Cordillère où se sont réfugiés des hommes qui vivent encore hors du temps.
Pour réaliser cette introduction, je me suis replongé dans mon vieil album du *Temple du Soleil*, tout abîmé et écorné par tant de lectures. J'ai retrouvé avec Tintin non seulement une joie et un souvenir d'enfance mais aussi mon voyage au Pérou et en Bolivie avec les odeurs, les émotions et l'émerveillement de tout ce que j'ai vécu en séjournant là-bas. Cet album permet de vivre un voyage unique au pays des Incas, plus vrai, plus émouvant et encore plus palpitant que toute une expédition.

GÉRARD CIVET

# SOMMAIRE



les mots en caractères **gras** dans le texte renvoient au glossaire page 70

# 1 POURQUOI LES ANDES SONT-ELLES APPELÉES "CORDILLÈRE" ?

*Epine dorsale de l'Amérique du Sud, les Andes longent la côte du Pacifique sur plus de 8 000 km. Elles sont constituées de chaînes montagneuses étroites : des "cordons" appelés cordilleras en espagnol.*

Ces montagnes jeunes aux crêtes dentelées sont d'origine volcanique. Du nord au sud, elles s'étirent du Venezuela au Chili en passant par la Colombie, l'Equateur, le Pérou, la Bolivie et l'Argentine. Parmi elles se dressent les sommets les plus hauts du monde après ceux de l'Asie. L'Aconcagua, en Argentine, culmine à près de 7000 m, et son voisin, le Fitz Roy, attire les alpinistes par sa silhouette élancée et ses à-pic vertigineux.

Les *cordilleras*, que l'on peut franchir par des cols, hauts parfois de 3000 m, ont formé, jusqu'à l'essor de l'aviation, un véritable mur séparant le continent sud-américain en deux parties : à l'ouest, la forêt humide de l'Amazonie et les herbages de la pampa; à l'est, une région côtière étroite au climat souvent très sec, coincée, mais aussi abritée, entre les montagnes (la sierra) et l'océan Pacifique.

Le massif montagneux des Andes est si jeune qu'il continue de s'élever par endroits! Certains pics en cours de formation sont des volcans, comme le Cotopaxi en Equateur, dont le sommet culmine à près de 6000 m. La région des Andes subit assez régulièrement des raz-de-marée d'origine **sismique** et des éruptions volcaniques désastreuses. Ainsi celle qui, en 1985, a déclenché la coulée de boue responsable de la destruction de la ville d'Armero en Colombie et de la mort de plus de 23000 personnes.

2

# QUEL EST PLUS GRAND DES RAPACES ?

*Le condor des Andes est un vautour de très grande taille. Son envergure de 3 m et son magnifique plumage noir, frangé de blanc aux ailes, en font le roi de la sierra.*

Les condors vivent en bandes sur les sommets des Andes. Comme tous les vautours, ces oiseaux géants sont des charognards. Ils se nourrissent d'animaux morts abandonnés par les deux grands carnassiers des Andes : le puma et le jaguar. Le puma chasse plutôt en altitude tandis que le jaguar, son cousin, est le maître des forêts touffues et humides qui recouvrent les vallées andines. Sa proie favorite est le pécari, un petit cochon sauvage. Mais le jaguar ne dédaigne pas non plus le fourmilier **tamanoir**, ni les singes hurleurs qui entretiennent, avec les perroquets de toute espèce, un charivari permanent...

Sur la "**puna**", la lande herbeuse qui recouvre les hauts plateaux à plus de 3 000 m d'altitude, et sur les flancs de la sierra, l'absence d'arbres favorise une faune bien différente. On y rencontre la vigogne et le guanaco, cousins sauvages du lama. Ils cohabitent avec une petite autruche, le nandou, et deux espèces de rongeurs typiques de ces régions : la viscache, ou "lièvre d'Amérique", et le **chinchilla**, aujourd'hui décimé à cause de sa fourrure, très fine et très recherchée. Le cuy, ou cochon d'Inde, est l'ancêtre de notre cobaye. Comme le lapin en Europe, il a été domestiqué par les Indiens depuis longtemps. Sa viande délicate constitue par excellence le plat de fête des habitants de la sierra.

# 3 LES EXTRA-TERRESTRES SONT-ILS PASSÉS PAR NAZCA ?

*Vers 1930, en survolant la plaine de Nazca, des aviateurs aperçurent d'étranges "lignes" formant des dessins d'animaux ou des figures géométriques qui pouvaient atteindre 1 500 mètres de long.*

En 1939, l'archéologue Paul Kosok découvrit que les dessins de Nazca étaient les vestiges d'une des anciennes civilisations du Pérou.

Ces motifs, baptisés géoglyphes, datent du début de notre ère. Ils ont été tracés en déplaçant les pierres qui recouvrent le sol sablonneux. Ils représentent des plantes, des oiseaux, des lézards ou des singes, mais au niveau du sol, ils apparaissent comme de simples sentiers. Ceux qui les ont réalisés n'ont sans doute jamais pu "voir" leurs dessins puisqu'il faut être en altitude pour découvrir l'image tout entière. On ignore comment les gens de Nazca ont pu concevoir et réaliser ces figures. Peut-être étaient-elles destinées à leurs dieux pour qu'ils les voient du haut du ciel. Selon une autre hypothèse, toute la plaine de Nazca avait une fonction de calendrier **astronomique**. Lorsque le soleil ou une planète se levait dans l'alignement d'un dessin, ce jour marquait le début des semailles, de l'irrigation des champs ou des moissons.

De ces lointains prédécesseurs des **Incas** on a conservé d'admirables vases peints de motifs sacrés, des tissages et les vestiges d'une grande cité : Cahuacchi.

# 4 D'OÙ SONT VENUS LES INDIENS DES ANDES ?

*Venus d'Asie il y a plus de 20 000 ans, à une époque où le détroit de Béring ne séparait pas encore la Sibérie de l'Alaska, les Amérindiens ont mis quelques milliers d'années à occuper toute l'Amérique et à y fonder leurs civilisations.*

Vers 2 500 ans avant J.-C., les ancêtres des Péruviens et des Mexicains découvrent la culture du maïs qui deviendra la base de l'alimentation de tous les peuples dits **précolombiens**. C'est encore au Mexique, il y a moins de 3 000 ans, que les Olmèques, lointains devanciers des Mayas et des Aztèques, fondent la première grande civilisation du continent américain.

Mais d'autres civilisations se sont épanouies au pied des Andes. Au Pérou s'installent les **Chavín** qui étaient d'habiles artisans. Les **Paracas** étaient des tisserands experts et les **Mochicas**, d'étonnants potiers et dessinateurs, dont les œuvres ont gardé une mystérieuse séduction. Les **Chimu** vénéraient la déesse-lune. Ces excellents orfèvres bâtiront, vers le XIVe siècle, une capitale, Chan Chan, bien plus étendue que Paris ne l'était à la même époque. Les ruines se dressent de nos jours près de la côte péruvienne mais la plus fascinante de toutes les civilisations précolombiennes reste celle des Incas, les fondateurs de Cuzco. Hélas, ces grands conquérants eurent à peine un siècle pour faire prospérer leur splendeur avant que l'empire ne soit dévasté par un **conquistador** sanguinaire : l'Espagnol **Pizarro**.

5

# LES SOUVERAINS INCAS ÉTAIENT-ILS PACIFIQUES ?

*De 1438 à 1532, la brève épopée des Incas fut avant tout une longue série de conquêtes militaires. L'expansion de l'empire commença avec Pachacútec, roi de Cuzco...*

En 1438, Pachacútec remporte une grande victoire contre ses voisins, les Chancas. Son petit-fils, Huayna Cápac, conquiert ensuite l'Equateur. Les limites nord du grand **empire inca** atteignent alors les frontières actuelles de la Colombie. En 1533, le conquistador espagnol Pizarro s'empare de Cuzco. Il fait assassiner Atahualpa, le successeur de Huayna Cápac, et écrase le puissant empire inca. Après 95 ans d'existence, celui-ci s'étendait sur 5 000 km, du sud de la Colombie au centre du Chili et de la Bolivie à l'océan Pacifique.

Mais les rois conquérants qui avaient gouverné cet empire étaient aussi d'excellents administrateurs. Ils laissèrent une civilisation étonnante enrichie par les différentes cultures des peuples qu'ils avaient soumis. S'ils savaient recourir à la force pour imposer leur loi et mater les rébellions, ils consacraient la même énergie à regrouper leurs sujets par le travail obligatoire pour réaliser de grands travaux. La construction de routes, de canaux d'irrigation, de terrasses pour les cultures apporta aux populations une prospérité nouvelle, mais chèrement acquise. Craints et respectés à la fois, les Incas sont restés célèbres pour leur système d'organisation sociale. Ils exigeaient le versement d'impôts et la contribution active de leurs sujets. Les trésors ainsi accumulés devaient servir au bien de tous et à la protection des plus démunis. L'arrivée des conquistadors espagnols, pillant les richesses sans rien offrir en échange, marqua la fin de l'âge d'or des pays andins. Commença alors une ère de violences qui, par bien des aspects, dure encore aujourd'hui.

6

# COMMENT LES INCAS CONSERVAIENT-ILS LEURS MORTS ?

*Les Incas avaient coutume d'embaumer leurs morts et de les entourer de plusieurs linceuls. Ils les déposaient ensuite au fond d'une grotte ou d'un puits surmonté d'un tertre massif.*

COMME les Egyptiens, les Incas accordaient le plus grand soin à la conservation de leurs morts. Mais ce n'est pas la seule ressemblance entre ces deux civilisations. Le dieu suprême de la religion **quechua** était le dieu-soleil Inti.

Toujours comme les Egyptiens, les Quechuas adoraient la lune, les étoiles, la foudre et l'arc-en-ciel attributs du dieu suprême. Le culte de la terre-mère, Pachamama, encore plus ancien que la religion des Incas, était resté très ancré dans le peuple, plus superstitieux que la noblesse. Les pierres étaient révérées sous différentes formes : aérolithes tombés de l'espace, émeraude, ou bézoard, un "caillou" qui se forme, notamment, dans l'estomac des lamas.

Chaque foyer était placé sous la protection des conopas, divinités représentées par des statuettes d'hommes ou d'animaux. Divers rites honoraient tout ce qui était "huaca", c'est-à-dire "sacré". Il pouvait s'agir d'un temple, d'une montagne, d'une source, d'un fleuve, ou tout simplement d'un serpent ou d'une fleur.
A la fois savants et professeurs, les prêtres attachés au service des temples, de même que les vierges consacrées au dieu-soleil, constituaient une classe à part dans la société quechua.

7

# QUELLE VILLE A ÉTÉ BAPTISÉE LE "NOMBRIL DU MONDE" ?

*Fondée au début du XIIIe siècle,
Cuzco était la capitale des Incas.
Son nom signifie "nombril du monde"
en langue quechua.*

SITUÉ dans les Andes, à 3 000 m d'altitude, le pays des Incas porte encore le témoignage du génie de ses bâtisseurs, malgré les destructions et les pillages des conquistadors puis des missionnaires. Si ces derniers ont érigé des cathédrales et des couvents sur les fondations des plus beaux temples ou palais de Cuzco, ils n'ont pas réussi à les faire totalement disparaître ni à entamer la majesté du sanctuaire de Sacsahuamán qui domine toujours la ville.

Au XVe siècle, l'empereur Pachacútec transforma la bourgade de Cuzco, faite de bois et de chaume, en une grandiose cité de pierre, qui impressionna vivement les Espagnols. De la capitale Cuzco à la cité du **Machu Picchu**, la civilisation inca doit à ses architectes ses plus beaux titres de gloire.

L'architecture inca reposait surtout sur l'art des tailleurs de pierre. Les blocs s'encastraient les uns dans les autres avec tant de précision que tout mortier était superflu. Des murs, des routes en corniche ainsi que des **aqueducs** bâtis selon cette technique et dont la précision étonne encore de nos jours, ont résisté à tous les séismes. C'est toute la population qui apportait son concours au transport de ces blocs de pierre, lourds parfois de plus de vingt tonnes. Les Incas connaissaient le disque qu'ils considéraient comme l'image sacrée du soleil, mais ignoraient la roue; aussi le transport se faisait-il à la force des bras, ou sur des rondins.

# 8 OÙ SE TROUVE LE MACHU PICCHU ?

*C'est à plus de 2 000 m d'altitude, au nord-ouest de Cuzco, que les Incas, peu avant la conquête espagnole, ont érigé le plus fantastique de leurs monuments : la cité du Machu Picchu !*

Il fallut attendre 1911 pour que l'explorateur Hiram Bingham découvrît l'étroit sentier abandonné depuis près de quatre siècles et qui menait à ce site exceptionnel. Qualifiée de "huitième merveille du monde", cette cité témoin de l'art des bâtisseurs péruviens domine une gorge infranchissable au pied d'un pic en forme de pain de sucre.

Avec ses temples, ses palais, ses murailles et sa prodigieuse architecture de terrasses agrippées à la montagne, le Machu Picchu fit subitement son entée dans la légende. Il avait disparu de la mémoire des hommes pendant près de quatre siècles après la destruction de l'empire des Incas… Ses ruines comprennent près de trois cents édifices de pierre. Des familles d'agriculteurs vivaient dans des maisons d'une pièce, groupées autour d'une cour centrale. Un aqueduc de pierre acheminait l'eau des torrents de montagne qu'un réseau de canaux et de bassins distribuait dans la ville jusqu'aux terrasses cultivées des pentes inférieures.

Miraculeusement préservé du pillage, puis resté désert pour une raison inconnue, le Machu Picchu, presque intact au cœur de la montagne, semble encore hanté par les Incas… malgré les milliers de touristes qui viennent en foule admirer cet étonnant vestige.

9

# COMMENT SE DÉPLAÇAIENT LES INCAS ?

*L'empire inca était sillonné de routes pavées, longues parfois de plus de 2 000 km. Elles franchissaient les montagnes grâce à des ponts, des tunnels ou des escaliers sinueux.*

Voies stratégiques pour les soldats qui partaient conquérir de nouveaux territoires ou mater des révoltes, les routes permettaient aussi de déplacer les populations. Les Incas déportaient en effet les habitants des régions qu'ils venaient de soumettre pour les remplacer par de fidèles sujets quechuas.

Des coureurs, qui se relayaient tous les deux kilomètres, transmettaient à grande vitesse les nouvelles des provinces et les ordres de l'Inca ou… lui rapportaient depuis la côte du poisson tout frais pêché…

Comme les Incas n'utilisaient pas la roue, les transports se faisaient à dos d'homme ou de x, avec des haltes dans les auberges-relais. Certaines routes, pavées avec soin, comptent parmi les chefs-d'œuvre de la civilisation inca. Elles franchissaient montagnes et torrents grâce à de solides ponts de cordes suspendus au-dessus du vide. L'un d'eux, long de 45 m, enjambe encore de nos jours la rivière Apurímac. Il ne faut pas pour autant oublier les canaux d'irrigation, les aqueducs et les larges terrasses au flanc des montagnes.

10

# LES INCAS ÉCRIVAIENT-ILS ?

*Les Incas ignoraient l'écriture.*
*Le quipu, une cordelette de laine de couleur, garnie de nœuds de différentes longueurs, leur servait d'aide-mémoire pour tenir les comptes de l'administration.*

Le peuple inca transmettait par la tradition orale des notions très élaborées, notamment en astronomie. Pour les Quechuas, les astres étaient la manifestation des dieux et les prêtres étaient passés maîtres dans l'art de les observer. Ils déduisaient de leurs observations non seulement des présages mais aussi un calendrier précis pour les travaux des champs.

Les médecins quechuas savaient aussi guérir de très nombreuses maladies grâce aux plantes médicinales de la sierra, colportées de village en village par des pharmaciens ambulants. La médecine occidentale a adopté plusieurs de leurs remèdes : la cocaïne, un fortifiant tiré des feuilles toniques de la coca, et la quinine ou quinquina, souveraine contre les fièvres.

Mais les Quechuas étaient aussi des agriculteurs inventifs. Nous leur avons emprunté l'usage du **guano** comme engrais, ainsi que de nombreuses plantes comestibles, dont la pomme de terre qui sauva bien des Européens de la famine. De nos jours, les agronomes commencent seulement à redécouvrir certaines céréales spécialement sélectionnées pour pousser à très haute altitude comme le quinoa, très riche en protéines. Enfin, les Quechuas avaient mis au point d'intéressantes techniques pour lutter contre les insectes nuisibles ou conserver les aliments.

11

# QUI ÉTAIENT LES CONQUISTADORS ?

*Cortés, le conquérant du Mexique,
et Pizarro, celui du Pérou,
sont les plus célèbres
des conquistadors,
ces généraux à qui les rois
d'Espagne confièrent
la tâche de soumettre
le Nouveau Monde
et d'en confisquer l'or.*

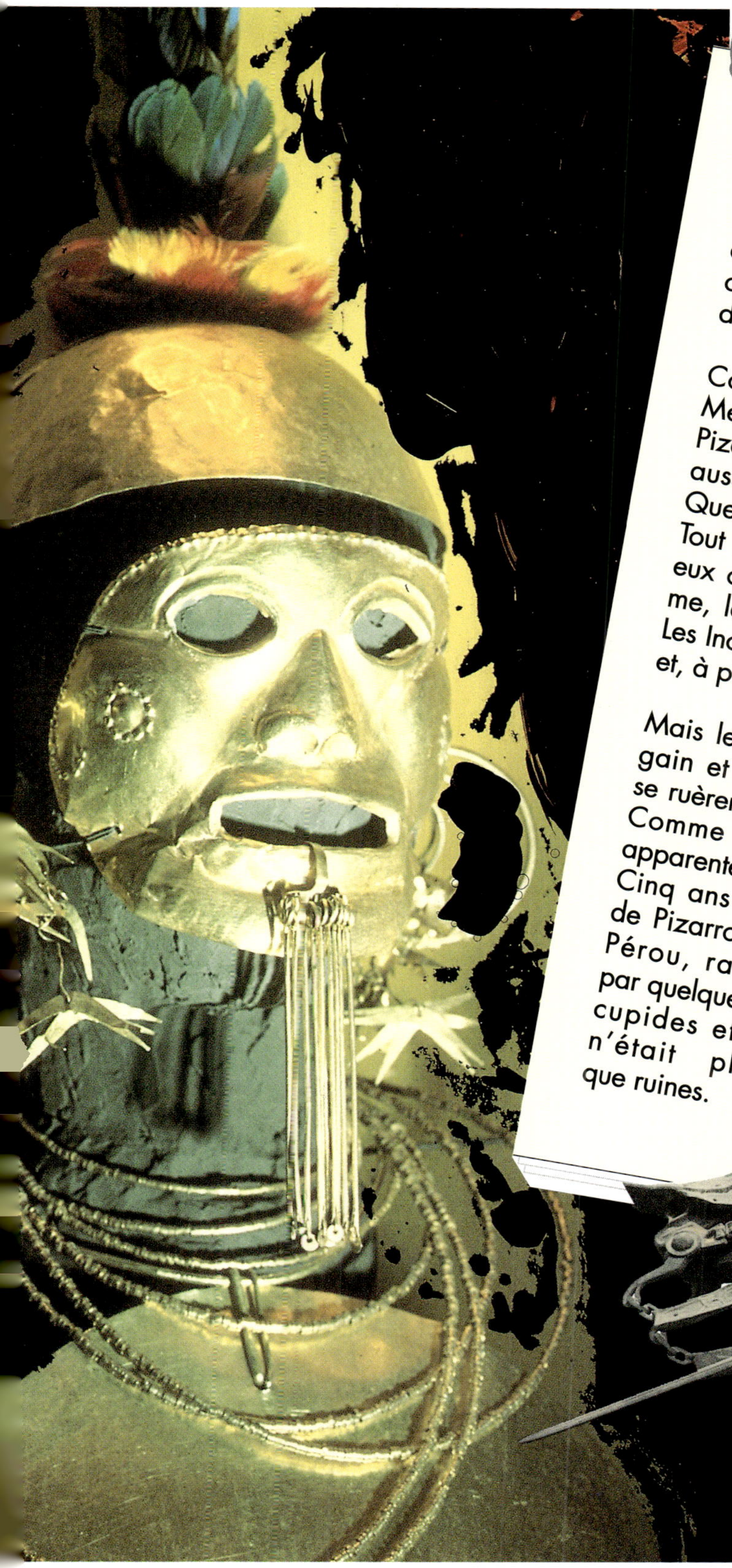

Pour les rois d'Espagne, l'Amérique évoquait les vieilles légendes de l'Eldorado, "le pays dont les rues sont pavées d'or". Les conquistadors, généralement issus de la petite noblesse de la pauvre province de l'Estrémadure, s'enthousiasmèrent pour cette conquête d'autant qu'ils y virent une occasion unique de gloire et de fortune.

Comme **Cortés** avait été accueilli sur les rives du Mexique par des Aztèques parés de riches bijoux, Pizarro fut persuadé à son tour que l'empire inca, lui aussi, regorgeait de trésors. En réalité, le pays des Quechuas n'était pas très riche en métaux précieux. Tout l'or dont disposaient les Incas, ils le portaient sur eux ou en ornaient les temples dédiés au dieu suprême, le Soleil, car le métal jaune évoquait son éclat. Les Incas n'eurent jamais l'idée d'en faire une monnaie et, à plus forte raison, de l'enfermer dans des coffres.

Mais les conquistadors, aveuglés par l'appât du gain et ignorant les coutumes des Quechuas, se ruèrent sur ces trésors largement surestimés. Comme pour les Aztèques, la splendeur apparente des Incas causa leur perte. Cinq ans après le débarquement de Pizarro, le puissant empire du Pérou, ravagé, pillé et asservi par quelques envahisseurs cupides et sans pitié, n'était plus que ruines.

## 12 LE TEMPLE DU SOLEIL EXISTE-T-IL ENCORE ?

*Comme tous les splendides édifices de Cuzco, le temple du Soleil fut rasé après la brutale conquête du Pérou par Pizarro et la conversion forcée des Quechuas au christianisme.*

La **variole**, maladie répandue chez les Espagnols mais inconnue des Incas, constitua un allié de poids pour Pizarro. Dès son premier débarquement en 1527, elle se répandit dans tout le Pérou comme une traînée de poudre, emportant l'empereur Huayna Cápac et provoquant une longue guerre de succession entre ses fils Huascar et Atahualpa. Revenu cinq ans plus tard avec à peine 200 soldats, Pizarro envahit sans difficulté cet empire miné par la maladie et la guerre civile. Il s'empare de l'Inca Atahualpa, venu à sa rencontre avec 20 000 hommes, et le garde prisonnier neuf mois avant de le faire étrangler le 29 août 1533, deux heures après le coucher du soleil.

Pizarro et ses hommes se mirent alors à piller les trésors des Incas et à saccager les vestiges de leur pouvoir, tandis que les prêtres faisaient démolir les temples pour dresser des églises, tout en baptisant les Indiens de force. Ces derniers, privés de leurs terres au profit des colons espagnols et réduits au travail forcé dans les mines et les plantations, luttèrent longtemps contre les mauvais traitements infligés par les conquistadors. Le roi d'Espagne lui-même s'en émut, mais la répression resta inflexible.

Aujourd'hui encore, les Quechuas conservent la mémoire de cette époque terrible et en ressentent toute l'injustice. Certains rêvent encore du retour de l'Inca qui leur rendra leur pays et leur dignité.

13

# QUE SONT DEVENUS LES DIEUX DES INDIENS ?

*Brutalement interdite par les missionnaires chrétiens venus d'Espagne avec les conquistadors, la religion traditionnelle des Indiens s'est perpétuée en secret ou s'est greffée sur les fêtes et les cérémonies chrétiennes.*

**L**ES prêtres, et notamment les jésuites, ont voulu détruire tout objet rappelant un culte qu'ils jugeaient idolâtre : tissus de fête, ornements de plumes et **conques** sacrées furent remplacés de force par des chapelets et des images pieuses. Les temples furent saccagés, tout comme les divers lieux vénérés par les Indiens. Monuments, sommets de montagnes, sources, rivières ou rochers furent surmontés de croix chrétiennes.

Mais les Indiens ont su préserver leurs croyances ancestrales. Le Christ a souvent été identifié à Viracocha, le dieu créateur inca, et la Vierge à la déesse Terre. Dans de nombreux villages sont célébrés en leur honneur les rites qui se déroulaient dans les anciens temples. Les jours de fête, on porte en procession les statues des saints chrétiens, comme on le faisait autrefois des emblèmes représentant les dieux païens. Enfin, le carnaval, la fête où tout est permis, donne l'occasion aux Indiens de renouer avec les esprits qui les protégeaient contre démons et maladies.
En Bolivie, lors de la Fête-Dieu, des danseurs se parent de plumes de condor pour faire entrer en eux la force légendaire de cet oiseau sacré. Au Pérou, il est attaché sur le dos d'un taureau qu'il doit terrasser. Ce combat cruel rappelle les sacrifices d'antan et symbolise pour certains la victoire du condor, emblème des Indiens sur le taureau espagnol.

# QUI HABITE LES ANDES AUJOURD'HUI ?

*Décimés par les massacres, la maladie et la misère, les Indiens des pays andins ne sont plus aujourd'hui qu'une minorité face aux descendants des colons espagnols et aux métis.*

Trente ans après le débarquement des conquistadors, la population de l'empire inca était passée de dix millions d'habitants à deux millions et demi à peine. Bien que la population ait recommencé à augmenter au XIX^e siècle, les peuples indigènes, spoliés par les colons, n'en ont pas retrouvé leurs terres pour autant. De plus, l'organisation sociale et économique, qui assurait leur subsistance sous les Incas, fait aujourd'hui cruellement défaut. C'est surtout le cas pour les indigènes de Colombie et de l'Equateur. Les Araucans du Chili, eux, survivent en petit nombre dans les terres froides du sud. Par contre, les Quechuas et les Aymaras, au Pérou et en Bolivie, constituent toujours une majorité de la population. Ils ont pu sauvegarder leur langue et une partie de leurs traditions, malgré la domination européenne et la christianisation.

Mais de véritables castes se sont constituées à l'intérieur de la société actuelle. Les Indiens restent essentiellement des paysans ou des travailleurs manuels, tandis qu'Espagnols et métis (nés de mariages mixtes entre Indiens et Espagnols) ou mulâtres (nés de mariages mixtes avec des esclaves jadis importés d'Afrique) se partagent dans les villes les postes administratifs, les commerces, l'artisanat et, en règle générale, tous les emplois qualifiés.

15

# COMMENT VIT-ON DANS UN VILLAGE DES ANDES ?

*Sur les hautes montagnes des Andes, le froid et le manque d'oxygène ralentissent le rythme de la vie. Peut-être est-ce pour cette raison que l'existence n'a guère changé depuis l'époque des Incas.*

Les maisons sont toujours construites avec des matériaux traditionnels comme la pierre, le jonc et l'adobe qui est une brique d'argile séchée au soleil. Sur les hautes terres du Pérou, les toits de chaume sont couverts de la même herbe qu'au temps des Incas. Plus on monte en altitude, moins la vie a changé : là où ne peuvent pousser l'orge et le blé importés d'Europe, ni même le maïs, c'est la pomme de terre qui assure toujours la subsistance des Indiens. Chaque village cultive sa propre variété, rose, noire ou violette, parfois à peine plus grosse qu'une cerise. Aujourd'hui, on élève le mouton pour sa viande et sa laine, et le mulet pour le transport. Mais les caravanes de lamas, la laine d'alpaga et les plats de viande de cochon d'Inde de jadis existent toujours.

Sur les marchés, les habitants, venus de contrées situées à différentes altitudes, échangent les fruits et les légumes propres à chaque région. Chaque communauté fabrique des outils, des poteries et autres produits artisanaux qu'elle décore selon ses traditions. Les femmes, toujours vêtues du costume et du chapeau typiques de leur village, portent les marchandises sur le dos dans de larges pièces de tissus nouées autour des épaules : les *mantas*.

# 16 DE QUEL TISSU SONT FABRIQUÉS LES PONCHOS ?

*La laine d'alpaga, de vigogne, de lama et désormais de mouton, inconnu jusqu'à l'arrivée des Espagnols, sert toujours à tisser les jupes superposées des femmes indiennes : les polleras.*

DANS les pays andins, la laine la plus appréciée ne vient ni du mouton ni du lama, mais de son cousin l'alpaca, dont la précieuse toison fine et souple est d'un blanc brillant. Cette laine se nomme l'alpaga. Le lama et l'alpaca sont des cousins du chameau, de même que la vigogne et le guanaco, deux variétés sauvages qui, à force d'avoir été chassées pour leur laine et pour leur viande, sont devenues très rares et doivent être aujourd'hui protégées. Tous quatre vivent uniquement dans les Andes. Le lama sert à tout : il fournit une laine épaisse, le cuir et le lait. Même ses bouses servent de combustible ou d'engrais. Par contre, ses longues pattes fines, idéales pour marcher dans la neige profonde, le rendent moins robuste. Pour tirer la charrue, c'est le mulet ou le cheval qui le remplacent le plus souvent.

Le poncho sert de couverture la nuit et, grâce au trou pratiqué en son centre, c'est aussi un manteau commode pour la marche. Ses bandes parallèles aux couleurs vives rappellent les motifs géométriques qui ornaient la longue tunique sans manches des Incas, tissée autrefois avec le poil soyeux de la vigogne et portée lors de grandes fêtes. La laine, mouillée et pressée pour devenir du feutre, sert aussi à fabriquer le **chapeau melon**. C'est la coiffure traditionnelle des femmes andines du lac Titicaca. Les hommes, eux, portent le chullo, un bonnet de laine qui couvre les oreilles.

17

# COMMENT APPELLE-T-ON LA FLÛTE DES ANDES ?

*Avec le tambour, la flûte est le principal instrument de musique des Indiens des Andes. Mais la fameuse "kena" n'est qu'un modèle parmi d'autres.*

Comme les motifs du poncho, la forme du chapeau de feutre ou les dessins des poteries, la musique andine diffère d'un peuple à l'autre, voire d'un village à l'autre. En effet, dans chaque région, les danses, les chansons et les instruments typiques se transmettent de génération en génération.

Empruntés aux Espagnols, la guitare, la harpe ou le charango, dont la caisse est constituée de la carapace d'un **tatou**, sont généralement fabriqués de façon identique. Par contre, les modèles de flûtes, de tambours et de trompes que l'on joue seul ou en orchestre, chez soi ou dans les rues pendant le carnaval, se comptent par centaines.

Les danses et les chants, appelés *huaynos*, tantôt romantiques, tantôt endiablés, existaient déjà à l'époque des Incas. On les exécute encore, déguisé en jaguar, en ours, en condor ou en guerrier comme à l'époque des cérémonies sacrées. Les traditions restent vivantes et certaines danses de la sierra, créées après la conquête, se moquent des manières des Espagnols ou de leurs esclaves noirs. En Bolivie, la danse de l'Inca commémore la terrible confrontation entre l'empereur inca Atahualpa et le conquistador Pizarro.

18

# À QUOI SERT LE GUANO ?

*La fiente des oiseaux marins qui s'accumule en énormes dépôts, sur les îles, le long des côtes du Pérou, constitue le guano.*
*Riche en azote, c'était le principal engrais qu'utilisaient les Incas.*

TOUT comme le sucre et le coton, le guano est encore une des ressources essentielles du Pérou. Il fut longtemps exporté vers l'Europe avant la découverte des engrais chimiques. Mais après la Seconde Guerre mondiale, la baisse du prix de ces produits a plongé le pays dans une crise économique. Le phénomène s'est encore aggravé dans les années soixante. Indiens pour la plupart, les paysans pauvres, venus des montagnes pour chercher du travail dans les haciendas ou les grandes plantations de la côte, se retrouvèrent une fois de plus sans travail ni ressources.

Le Pérou s'est alors tourné vers les eaux poissonneuses de l'océan Pacifique, exportant de la farine de poisson comme aliment pour le bétail. Si certains paysans ont pu trouver un emploi dans les pêcheries industrielles, les autres ont afflué en masse vers Lima, la grande ville qui a remplacé Cuzco comme capitale du Pérou. Près d'un tiers des 23 millions de Péruviens y habitent aujourd'hui. Hélas, le pays compte peu d'industries. Il ne peut procurer du travail à cette main-d'œuvre qui déferle en masse de la sierra et s'entasse dans les bidonvilles souvent privés d'égouts, d'eau courante et d'électricité. Ces conditions sanitaires déficientes sont à l'origine de terribles épidémies de **choléra** qui déciment la population des quartiers déshérités.

19

# QU'APPELLE-T-ON EL NIÑO ?

*Certains étés, un courant marin chaud fait disparaître la principale ressource des pêcheurs péruviens : les anchois ! Ce phénomène porte le nom d'El Niño.*

TOUS les quatre ou cinq ans environ, un courant marin chaud descend de la zone équatoriale, s'insinuant entre la côte péruvienne et les eaux plutôt froides mais poissonneuses qui la baignent.

Le réchauffement de l'eau provoque la disparition des anchois et rend précaire la situation des pêcheurs. En effet une pêche trop intensive et le manque de bateaux modernes permettant de pêcher en eaux profondes handicapent lourdement l'industrie poissonnière péruvienne.
Mais le climat du Pérou présente d'autres curiosités. S'il pleut très rarement sur la côte, un matelas de brume et de bruine, la garua, due à ces courants d'eau froide qui longent ordinairement la côte, masque fréquemment le soleil pendant les six mois d'hiver.

Quand ce ciel bas et blanchâtre s'éclaircit enfin, c'est pour les habitants de Lima le signe de la ruée vers les plages. Mais c'est aussi en cette période que le vent permet à un peu d'air humide venu d'Amazonie de franchir la sierra des Andes, et soudain cette région désertique est noyée sous des trombes d'eau catastrophiques.

20

# D'OÙ PROVIENT LA POMME DE TERRE ?

*Comme beaucoup d'autres plantes que nous croyons connaître depuis toujours, la pomme de terre, originaire de la sierra péruvienne, n'existait pas en Europe avant 1492.*

La nourriture de base des Quechuas et des Amérindiens en général n'était pas la pomme de terre, mais le maïs dont les grains séchés puis broyés en farine se consommaient sous forme de galettes ou de bouillies. Le maïs pousse aujourd'hui sur tous les continents et se consomme aux quatre coins du monde, comme le haricot, la tomate et l'arachide, également originaires des Amériques. Le chocolat lui aussi est fabriqué à partir des fèves d'un arbre américain : le cacaoyer. Les Andes ont également fait découvrir aux Européens de nombreux fruits exotiques : parmi eux, l'avocat, l'ananas, la goyave et la papaye, ces deux derniers étant les préférés des Incas.

Toutes ces plantes se cultivent encore de nos jours dans les pays andins. Mais c'est le sucre et le café, deux plantes originaires de l'**Ancien Monde**, qui représentent désormais la base des richesses agricoles. Leurs profits vont aux gros propriétaires possédant les meilleures terres et aux compagnies étrangères qui en assurent la commercialisation. La canne à sucre est cultivée industriellement au Pérou et en Colombie. Ce pays est également, avec le Brésil, le plus grand producteur mondial de café.

# 21 DANS QUEL PAYS PAYE-T-ON EN "SUCRE" ?

*Le "sucre" est le nom de la monnaie en Equateur. Mais le sucre de canne est aussi une des principales richesses de ce petit pays resté encore très agricole.*

TRAVERSÉ, comme son nom l'indique, par l'équateur, ce pays faisait partie de l'empire des Incas et ne s'est détaché du Pérou qu'en 1830. Il tire aujourd'hui l'essentiel de ses ressources de la plaine côtière, humide et très chaude en toutes saisons. Outre la canne à sucre, on y cultive la banane, le café et le cacao, tandis que la forêt vierge fournit du bois de balsa, apprécié des aéromodélistes pour sa légèreté. On exploite aussi la fibre de **kapok** et les feuilles de palmier que l'on tresse pour en faire des chapeaux appelés panamas. Ces derniers furent longtemps appréciés des Européens, pour se protéger du soleil.

Mais le climat chaud et humide de ces plaines côtières est pénible, et les trois quarts des Equatoriens, qui sont 11 millions sur un territoire grand comme la moitié de la France, préfèrent vivre dans la montagne de la grande Cordillère des Andes. Même si les communications, longtemps assurées par des caravanes de mulets ou de lamas, restent difficiles et que la terre est moins riche, l'air y est plus salubre. C'est là que se situe la capitale, Quito. A 2 850 m d'altitude, elle connaît toute l'année un climat comparable à la fraîcheur de notre printemps.

22

# OÙ SE TROUVAIT L'ELDORADO ?

*Chaque année, selon la légende, les Indiens Chibcha de Colombie honoraient la déesse du lac Guatavita en y jetant quantité de bijoux d'or et d'argent décorés d'émeraudes. De là est né le mythe de l'Eldorado, la "Cité dorée" que les Espagnols cherchèrent en vain.*

Si les mines d'argent, de plomb, de cuivre et de zinc du Pérou, du Chili et surtout de la Bolivie sont parmi les plus riches du monde, l'or est moins abondant dans les Andes. Seules quelques mines sont réellement rentables.

Les Indiens apprirent à se débarrasser des chercheurs d'or en leur indiquant des trésors fabuleux "là-bas, au-delà de l'horizon"... Ils furent par contre sans défense contre les colons venus plus tard installer des plantations sur la côte colombienne, chaude et humide, ou dans les vallées profondes qui séparent les chaînes andines. Les bananes puis le café de Colombie, apprécié dans le monde entier, sont ainsi devenus, avec le pétrole, les principales richesses du pays.

Mais le sort injuste réservé par les grands propriétaires aux esclaves noirs, aux métis et aux Indiens qui travaillaient la terre a provoqué en Colombie des flambées de violence qui sont loin d'être éteintes. L'armée et les milices privées à la solde de certains possédants bénéficient parfois de la complicité des dictateurs et répriment avec férocité les révoltes populaires et les mouvements de guérilla communiste. Ainsi s'installe un état d'anarchie dont les trafiquants de drogue ont profité pour étendre leur influence.

# QU'EST-CE QUE LA COCA ?

*Les Indiens des Andes connaissent depuis toujours la coca dont ils mâchent les feuilles pour mieux supporter la fatigue.*
*Mais aujourd'hui, on en tire aussi une drogue dure, la cocaïne, dont le trafic ne cesse, hélas, de s'étendre.*

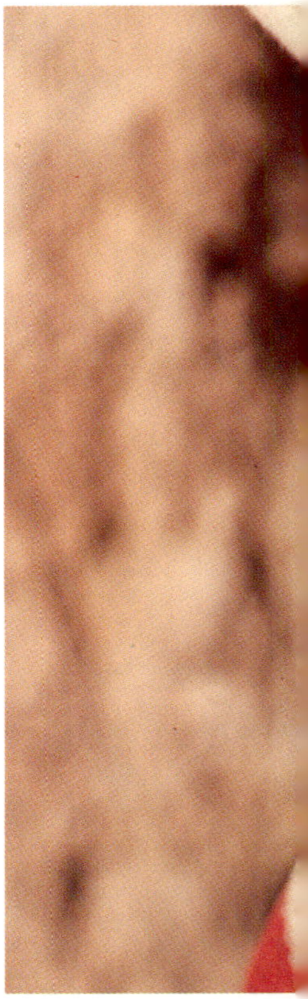

Les Indiens ont donné le nom de coca à un arbuste semblable à la vigne, dont les petites feuilles sont mastiquées avec de la chaux, après avoir été séchées au soleil. Elles ont pour propriété d'aider le corps à lutter non seulement contre la fatigue mais aussi contre la douleur et les infections.

Les paysans des Andes cultivaient avec soin cette plante médicinale. Les Européens apprirent eux aussi à apprécier ce remède, tandis que les Américains en ont fait une boisson fétiche : le coca-cola, mélange d'eau pétillante, de sucre et de coca. Cependant les Occidentaux ont imaginé d'utiliser la cocaïne, poudre extraite de la coca, non plus comme remède tonique mais comme drogue dure. Généralement, les consommateurs ne peuvent plus s'en passer : ils tombent alors dans un état de dépendance qui les pousse à se procurer de la drogue à n'importe quel prix.

Attirés par les énormes bénéfices que rapporte ce marché, criminels et trafiquants encouragent ou contraignent les paysans pauvres des montagnes à cultiver la coca à l'échelle industrielle, puis distribuent ce poison dans le monde entier. Ils sont regroupés en Colombie, au sein du "cartel de Medellín" mais aussi dans certains mouvements révolutionnaires comme le "Sentier lumineux" au Pérou. Immensément riches, ces criminels ne cessent d'étendre leur influence malgré les efforts conjugués des polices mondiales.

# À QUOI SERVENT LES ROSEAUX DU LAC TITICACA ?

*Pour fabriquer leurs pirogues, les Indiens Aymaras ont coutume d'utiliser les roseaux abondants qui poussent sur les rives du lac Titicaca. Amassés, ces roseaux forment de véritables îles flottantes, supportant les huttes.*

A MESURE que "l'île" pourrit par en dessous, de nouvelles couches de roseaux frais, les totoras, sont ajoutées par-dessus, renouvelant le sol où poussera la prochaine récolte.

Le Titicaca est un lac immense, avec ses marées et parfois de fortes tempêtes lorsque souffle le vent glacé des Andes. Grand comme le quart de la Belgique, et partagé entre le Pérou et la Bolivie, il est situé à 3 812 m d'altitude, au cœur de l'Altiplano. Ce vaste haut plateau du centre de la Cordillère des Andes est habité depuis longtemps par les Indiens Aymaras malgré son climat rude et son air raréfié.

Désertique dans toute sa partie sud, cette région est probablement peuplée depuis plus de 10 000 ans et renferme des vestiges du temple de Tiahuanaco, datant d'une époque bien plus ancienne que celle des Incas. Ces derniers, impressionnés par un tel édifice, en adoptèrent la technique de construction, affirmant même que leur dieu suprême, Inti, ainsi que les rois fondateurs de la dynastie inca étaient nés des eaux du lac Titicaca.

25

# D'OÙ VIENT LE NOM DE BOLIVIE ?

*Il n'y a que deux pays au monde à porter le nom d'un homme : la Colombie, baptisée ainsi en mémoire de Christophe Colomb, et la Bolivie, en hommage à Simón Bolívar, qui a libéré l'Amérique du Sud de la domination espagnole.*

GENTILHOMME, né en 1783 dans une riche famille du Venezuela, Bolívar connut une existence tragique. C'est pour oublier la mort de son épouse qu'il chercha à donner un sens à sa vie en luttant pour libérer son pays de la domination espagnole.

Après des débuts difficiles, qui le conduisirent plusieurs fois en exil ou en prison, il put enfin réunir une petite armée de partisans et libérer la "Nouvelle Grenade" dont il devint le président en 1812. Mais à peine était-il reparti à la conquête du Pérou que le pays éclata en 3 Etats : le Venezuela, la Colombie et l'Equateur.

Malgré cette déception, Bolívar poursuivit sa lutte pour l'indépendance de l'Amérique, alors espagnole, et réussit à libérer le continent tout entier. Un des nouveaux Etats, la Bolivie, prit son nom pour honorer sa mémoire.

Hélas, des disputes entre ses premiers compagnons et des rivalités entre les pays qui pourtant lui devaient leur indépendance firent regretter à Simón Bolívar de s'être tant dévoué pour la cause de la libération. Rongé par la désillusion et le chagrin, ce meneur d'hommes renonça à tout rôle officiel. Il mourut solitaire à 47 ans, ne se doutant guère qu'il occuperait une place de premier plan dans l'histoire de l'Amérique du Sud.

# 26 OÙ SE TROUVE LA MONTAGNE RICHE ?

*Cerro Rico, la "montagne riche", est le nom espagnol donné par les conquistadors au gisement de minerai d'argent de Potosí, en Bolivie. C'est encore aujourd'hui une des principales richesses du pays.*

Si les mines d'argent, exploitées depuis le temps des Incas, sont presque épuisées aujourd'hui, le sous-sol de cette partie de l'Altiplano renferme bien d'autres métaux recherchés : étain, plomb, zinc, antimoine notamment.

C'est pourquoi la puna ou steppe andine, région aride avec ses lacs salés et ses pauvres pâturages, est malgré tout assez peuplée. Là encore, les colons espagnols et leurs descendants ont, plus brutalement qu'ailleurs, accaparé les richesses minières, tandis que les Indiens Aymaras, majoritaires en Bolivie, étaient réduits à travailler dans les mines pour un maigre salaire et dans des conditions très dures. Aussi est-ce en Bolivie que les révoltes indiennes contre l'occupant espagnol ont été les plus fréquentes et les plus violemment réprimées.

Comme au Pérou, la baisse du prix des minerais sur le marché mondial a plongé le pays dans la crise, réduisant les plus pauvres des Boliviens à la misère. Ne trouvant plus de travail dans les mines, beaucoup vivent désormais dans les bidonvilles entourant La Paz, la plus haute capitale du monde située à près de 3 700 m d'altitude. Pays pauvre et peu développé, la Bolivie a perdu une grande partie de son ancien territoire dans des guerres avec ses voisins plus puissants : le Paraguay et surtout le Chili, qui, en s'appropriant le désert d'Atacama, a coupé la Bolivie de la mer, isolant encore plus profondément un pays déjà en retard de développement.

27

# QUEL EST LE PLUS IMPRESSIONNANT DE TOUS LES DÉSERTS ?

*Le désert d'Atacama, qui occupe le tiers nord du Chili, ajoute à une sécheresse quasi permanente un sol salé, voire sulfureux par endroits.*

COMME rien ne pousse dans cette région, les énormes mines de cuivre à ciel ouvert constituent une des principales richesses du pays.

La mine de Chuquicamata, la plus grande du monde à ciel ouvert, produit plus de 2 000 tonnes de cuivre par jour, ce qui représente 13 % de la production mondiale.
Riche en minerais, ce désert compte aussi des mines d'or, d'argent et de fer, sans parler des zones où l'on exploite le sel et le salpêtre qui rendent cette région si inhospitalière.

Au pied des volcans couronnés de neiges éternelles, scintillent les sables blancs, jaunes ou même noirs de l'étrange Vallée de la Lune, hantée, dit-on, par les esprits. C'est l'un des spectacles les plus étonnants de la terre, surtout lorsque vous attend au détour du chemin le fabuleux champ de **geysers** du Tatio.

28

# QUEL EST LE PLUS LONG PAYS DU MONDE ?

*Sur la carte d'Amérique du Sud, le Chili est aisément reconnaissable : une bande de terre longue de 4 000 km, large de moins de 400 km et coincée entre les Andes et l'océan Pacifique.*

Le Chili est un pays d'une extrême diversité alliant les terribles déserts tropicaux du nord et les forêts de conifères qui, au sud, annoncent la proximité de l'Antarctique.

La montagne est toujours proche avec ses richesses minières, l'eau fraîche de ses torrents et la possibilité de pratiquer les sports de neige en toute saison. Mais aussi avec ses dangers, comme en témoignent les tremblements de terre qui ravagent régulièrement les villes. Le Chili fut longtemps coupé de ses voisins par ses sommets infranchissables. Le col d'Arica, qu'emprunte le train pour rejoindre La Paz, capitale de la Bolivie, culmine à 4 450 m. Aussi les habitants se sont-ils tournés vers la mer avec des ports comme Valparaíso.

Mieux relié à l'Europe qu'au reste de l'Amérique latine, le Chili est le plus moderne, le plus industrialisé et le plus "occidental" des pays andins. C'est aussi celui dont la population indigène est la plus faible : les Indiens Araucans, après avoir vaillamment résisté aux conquistadors, ne sont plus désormais que 130 000 à survivre, refoulés dans les régions froides du sud. Les 13 millions de Chiliens d'origine espagnole habitent surtout la belle vallée de Santiago, dont le climat méditerranéen permet de pratiquer l'élevage et la culture du blé, des fruits et de la vigne.

# D'OÙ VIENT LE NOM DES ÎLES GALÁPAGOS ?

*En 1535, le premier Espagnol qui longea les 13 îles volcaniques de cet archipel, au large de l'Equateur, oublia de les baptiser. Il signala seulement qu'elles abritaient d'énormes "galápagos", mot espagnol qui signifie "tortues".*

Les marins, trompés par les courants changeants qui circulent entre les îles et impressionnés par l'aspect sauvage et les contours déchiquetés de ces terres volcaniques, ont longtemps cru qu'elles se déplaçaient. Aussi les surnommèrent-ils les "îles enchantées". Tel n'était pas l'avis des colons qui tentèrent de s'y installer. Malgré le sol, fertile par endroits, la solitude finit par décourager la plupart des pionniers venus des deux Amériques ou d'Europe.

Bien que les hommes fussent peu nombreux, les tortues géantes, qui avaient donné leur nom à l'archipel, échappèrent de justesse à la disparition. Elles furent victimes des marins de passage qui les chassaient pour leur viande, mais aussi des chiens et des cochons amenés par les hommes et qui, retournés à l'état sauvage, dévoraient leurs œufs comme leurs petits.

Aujourd'hui, l'Equateur n'autorise que quelques rares visites dans l'archipel devenu un sanctuaire pour la faune. Les oiseaux marins en provenance du pôle Sud, les tortues et les **iguanes,** ces reptiles impressionnants, y sont désormais rois.

30

# QUELLE EST L'ORIGINE DES STATUES GÉANTES DE L'ÎLE DE PÂQUES ?

*Les premiers Européens à débarquer sur l'île de Pâques n'y rencontrèrent que des colosses de pierre et quelques indigènes bien incapables de les ériger. Aussi s'imaginèrent-ils que ces statues étaient l'œuvre de mystérieux "visiteurs".*

RESCAPÉS d'un peuple remarquable, les Pascuans sont venus de Polynésie, il y a fort longtemps, pour coloniser cette île fertile, perdue dans le Pacifique à 3 800 km au large du Chili.

Très civilisés, ils avaient inventé la seule écriture connue à l'époque dans cette région du monde. Ce sont eux qui ont taillé dans la roche volcanique les *moai*, ces bustes gigantesques, dont le plus grand mesure 23 m et pèse 400 tonnes, dédiés à leurs dieux et jadis coiffés d'énormes "chapeaux" de pierre rouge. Peu avant la découverte de l'île par les Européens, la nourriture commença à manquer et, de guerres internes en famines, les Pascuans dépérirent. Oubliant leur civilisation, ils renversèrent les statues qui avaient perdu pour eux toute fonction religieuse.
Jadis au nombre de 12 000, il furent décimés par les marchands d'esclaves et la variole. Quant aux quelques survivants actuels, ils en savent moins sur la culture raffinée de leurs ancêtres que les savants intrigués par ce mystère, qui ont consacré leurs recherches à l'étonnante histoire de cette île du bout du monde.

## A

**AMÉRINDIENS :** se dit des Indiens d'Amérique.

**ANCIEN MONDE :** le monde tel qu'il était connu des Anciens (Europe, Afrique, Asie), par opposition au Nouveau Monde : l'Amérique.

**AQUEDUC :** construction destinée à capter et à conduire l'eau d'un lieu à un autre.

**ASTRONOMIQUE :** lié à l'observation des astres.

## C

**CHAPEAU MELON :** mode introduite au XIXe siècle par une importation massive de ces chapeaux en provenance d'Angleterre.

**CHAVÍN :** cette culture tire son nom des ruines de temples découvertes près de Chavín, à 3 200 m d'altitude. Entre 850 et 200 avant J.-C., Chavín était un véritable centre religieux qui attirait une foule de pèlerins venus des vallées avoisinantes.

**CHIMU :** au XIIe siècle, le peuple chimu parvient à contrôler une grande partie du territoire de l'actuel Pérou, grâce à une organisation militaire sans faille. Ils construisent Chan Chan qui, au XIIIe siècle, devient leur capitale. Ils imposent aux peuples conquis une administration centralisée et soumettent chacun à payer de lourds tributs. Confrontés à un environnement désertique, ils remettent en état les canalisations et les aqueducs construits par les Mochicas quelques siècles auparavant. Artisans habiles en métallurgie mais piètres céramistes, les Chimu produisent en série beaucoup d'objets utilitaires et maîtrisent diverses techniques d'orfèvrerie.

**CHINCHILLA :** petit mammifère rongeur qui vit au Pérou et au Chili. Sa fourrure gris perle est de grande valeur.

**CHOLÉRA :** très grave maladie épidémique caractérisée par des selles fréquentes, des vomissements, des crampes, un grand abattement.

**CONQUE :** grand coquillage en spirale.

**CONQUISTADORS :** nom donné aux aventuriers espagnols qui allèrent conquérir l'Amérique.

**CORTÉS :** conquistador espagnol (1485 - 1547). A la tête d'une expédition au Mexique, il aborda au Yucatán en 1519 et fonda Veracruz, puis gagna Tenochtitlán, capitale aztèque sur le site de Mexico.

## E

**EMPIRE INCA :** se développe à partir du XVe siècle. Sa structure, son système économique dirigiste et rigoureusement planifié, que certains ont pu qualifier de "socialiste", sa religion solaire, sa hiérarchie administrative complexe en font un des Etats les plus originaux que connaisse l'histoire humaine.

## G

**GEYSER :** source d'eau chaude jaillissant par intermittence.

**GUANO :** matière constituée par les amas de déjections d'oiseaux marins et qui constitue un engrais riche en azote.

## I

**IGUANE :** reptile saurien de l'Amérique tropicale ayant l'aspect d'un lézard de grande taille et portant une crête dorsale.

**INCAS :** nom donné aux souverains d'un peuple du Pérou (Quechua) dont l'empire domina cette région du milieu du XVe siècle à 1532.

## K

**KAPOK :** fibre végétale imperméable, imputrescible et très légère, constituée par les poils fins et soyeux qui recouvrent les graines du kapokier ou du fromager. On l'utilise pour les ceintures de sauvetage ou pour les coussins.

## M

**MACHU PICCHU :** aujourd'hui site archéologique situé dans les Andes, à 2 000 m d'altitude.
Les Conquistadors espagnols ignorèrent cette citadelle qui ne fut découverte qu'en 1911 par H. Bingham.

**MOCHICAS :** établis sur la côte nord du Pérou, les Mochicas étendent leur influence vers les oasis voisines et les vallées fertiles. Au Vᵉ siècle, ils dominent un territoire long de 300 kilomètres. Pour connaître la vie religieuse des Mochicas, des peintures murales et la céramique de leurs potiers servent de véritables livres d'images.

## P

**PARACAS :** culture de la côte sud du Pérou qui se développe à partir du Vᵉ siècle av. J.-C. Des Paracas, on connaît surtout les immenses nécropoles où, par centaines, les défunts étaient ensevelis. Il s'agit de véritables villages funéraires comportant des maisons souterraines. Dans les tombes, on a retrouvé des poteries remarquables et d'élégants tissus aux coloris chatoyants. La qualité de ces tissus, la richesse de leur décoration révèlent une maîtrise technique étonnante dans le monde amérindien.

**PIZARRO Francisco :** conquistador espagnol (1475-1541). Entreprit la conquête du Pérou pour la couronne d'Espagne.

**PRÉCOLOMBIEN :** se dit de l'Amérique, de son histoire, de ses civilisations avant la venue de Christophe Colomb (concerne surtout l'Amérique centrale et l'Amérique du Sud).

**PUNA :** ensemble de plateaux élevés des Andes (Altiplano) situé entre 3 000 et 5 000 m au Pérou, en Bolivie, en Argentine et au Chili, et qui s'élèvent notamment au-dessus des plaines du Chaco. De climat aride, la puna est recouverte d'une steppe herbeuse où se pratique un élevage extensif (bovins et ovins). C'est le domaine des Indiens pasteurs.

## Q

**QUECHUA :** la plus importante ethnie des Andes. Les Quechuas sont formés de divers groupes, organisés en chefferies dont l'unité repose surtout sur la langue et qui étaient au XVIᵉ siècle rassemblés sous la domination des Incas.

## S

**SISMIQUE :** relatif aux séismes. Secousses, déformations brusques de l'écorce terrestre qui constituent un tremblement de terre.

## T

**TAMANOIR :** mammifère aussi appelé *grand fourmilier*, qui peut atteindre 2,5 m, dont la bouche sans dents est munie d'une langue effilée et visqueuse, qui lui sert à capturer les fourmis dont il se nourrit.

**TATOU :** petit mammifère au corps recouvert de plaques cornées et pouvant s'enrouler en boule, qui habite l'Amérique du Sud.

## V

**VARIOLE :** maladie contagieuse grave, caractérisée par une éruption généralisée de taches rouges, devenant des pustules dont la cicatrisation laisse des marques indélébiles.

# chronologie

| | | |
|---|---|---|
| | **3000** | |
| Construction de la 1re grande pyramide (2589) | | Les plus anciennes céramiques d'Amérique du Sud à Puerto Hormiga, Colombie (env. 3000) et en Equateur |
| | **2000** | |
| Age du bronze en Europe (1700-800) | | Culture Chavín au nord du Pérou (env. 1200-300) |
| | **1000** | |
| Construction du Parthénon (447-438)<br>Fondation de Marseille (600) | | Culture Paracas au Pérou (800-200)<br>Les morts et les offrandes sont emballés pour former des *fardos*, ballots de momies |
| | **0** | |
| Destruction de Pompéi (79)<br>Avènement d'Attila (434) | | Civilisation Mochica (env. 600)<br>Géoglyphes de Nazca (+ ou — 220) |
| | **500** | |
| Naissance de Mahomet (570)<br>Disparition du latin comme langue parlée en Gaule (700) | | Culture Tiahuanaco (500-1000)<br>Rayonnement culturel jusqu'au nord du Chili et au nord-ouest de l'Argentine |
| | **1000** | |
| Indépendance du Portugal (1128)<br>Début de la guerre de Cent Ans (1339) | | Civilisations Chimu (1200-1450) avec la capitale Chan Chan sur la côte nord du Pérou<br>Fondation de l'Empire inca par Pachacútec Yupanqui (1438-1471) |
| | **1500** | |
| Vie de Michel-Ange (1475-1564) | | Voyage de Magellan (1519-1522)<br>Premier voyage de Pizarro qui longe la côte péruvienne (1524) |
| | **1600** | |
| Règne de Louis XIV (1661-1715) | | Exécution de l'empereur inca d'Atahualpa (1533). Fondation de Lima (1535) |
| | **1700** | |
| Daniel Defoe écrit *Robinson Crusoé* (1719)<br>Vie de Mozart (1756-1791) | | Création de la Vice-Royauté de Nouvelle-Grenade comprenant les territoires du Venezuela, de la Colombie et de l'Equateur (1739) |
| | **1800** | |
| Prise d'Alger par les Français et indépendance de la Belgique (1830) | | Fin de l'Empire colonial hispano-portugais en Amérique latine<br>Mort de Simón Bolívar (1830) |
| | **1900** | |
| Première Guerre mondiale (1914-1918)<br>Le premier homme marche sur la Lune (1969) | | Ouverture du canal de Panama (1914)<br>Victoire de la révolution cubaine sous la conduite de Fidel Castro (1959) |

# AMÉRIQUE DU SUD

## LE PÉROU

Capitale : Lima. Superficie : 1 285 216 km². Population : + ou — 24 000 000 habitants.

# index

## *bibliographie*

# LE PÉROU ET LES PAYS ANDINS DE 7 À 77 ANS


**Le Temple du Soleil**
Hergé
Ed. Casterman

**Le grand guide de l'Amérique du Sud**
Gallimard, 1991

**Les Incas, peuple du soleil**
Carmen Bernand
Gallimard, 1988

**La Faune - Amérique du Sud**
Félix Rodriguez de la Fuente
Ed. Grange Batelière

**L'Amérique précolombienne : Atlas historique**
Ed. Casterman, 1991

**Civilisations des Amériques**
Ed. Casterman, 1987

**Pérou**
Guide Bleu
Hachette, 1988

**Religions et magies indiennes d'Amérique du Sud**
Métraux Alfred
Gallimard, 1967

**Pérou, au soleil des Incas**
Cornet Jacques
Ed. Fod 1980

**Incas - Pérou**
3000 ans d'histoire
Ed. Imschoot 1990

BANCO CENTRAL DE BOLIVIA
U7997881
CINCUENTA
PESOS BOLIVIANOS
50
CENTRAL DEL ECUADOR
5
RESERVA DEL PERU
CIEN SOLES
100
AeroPerú
Nº 408865
BANCO CENTRAL DE BOLIVIA
1000
PESOS BOLIVIANOS
BANCO CENTRAL DE BOLIVIA
F1136537
CIEN SOLES DE ORO

**CRÉDITS PHOTOS**

Toutes les photographies ont été prises par J. Cornet, sauf les suivantes :

— couverture : M. Drachoussoff
— p. 11 (haut et bas à droite), p. 13 (haut), p. 17 (bas à droite), p. 37 (bas), p. 39, p. 41 (haut et bas à droite), p. 43, p. 47 (bas à droite), p. 49, p. 51, p. 53 (haut), p. 55, p. 59, p. 61 : M. Drachoussoff
— p. 19, p. 31 (à gauche), p. 53 (bas) : G. Civet
— Musées Royaux d'Art et d'Histoire : p. 29
— p. 31 (bas à droite), p. 45, p. 67 (bas) : L. Giard
— p. 47 (haut et bas) : P. Mathé
— p. 63, p. 65 : A. Mahuzier
— p. 69 : C. Bages

Imprimé en Belgique par Casterman, S.A., Tournai - Dépôt légal : mars 1994; D 1994/0053/64 - Déposé au Ministère de la Justice, Paris (loi n° 49.956 du 16 juillet 1949 sur les publications destinées à la jeunesse).